Projeto Brasil-Japão

Roberto da Silva Rocha

Índice

A ideia deste projeto de mudança começa no Japão e se conclui no Brasil, - passando por uma versão sobre uma New Hong Kong equatorial - que são dois países soberanos, Brasil e Japão, com culturas muito diferentes que se poderiam complementar em suas enormes diferenças e necessidades de inserção internacional e de sobrevivência.

Teremos um momento de estarmos revisitando a instituição da monarquia, tanto a monarquia vigente no Japão, bem como a nostalgia da restauração provável da monarquia para o Brasil.

A crise japonesa está mantendo a economia japonesa prisioneira de 22 anos de estagflação e crescimento zero, criando um impasse com relação as expectativas internas e externas com relação ao crescimento e expansão econômica, tecnológica, industrial e científica do Japão.

A crise japonesa na economia está produzindo reflexos na sociedade japonesa produzindo um estacionamento das relações sociais degeneradas pela violação psíquica produzida nas mentes dos cidadãos japoneses, em geral, que: primeiro, impactaram no crescimento populacional; em seguida, produzindo uma inversão na pirâmide demográfica etária, produzindo efeitos financeiros e orçamentários na previdência social e no sistema de apoio geriátrico, porque a geração atual - madura e envelhecida - não deseja ter filhos, não deseja casar, não deseja namorar, não deseja relações sociais extra laboral.

É o fenômeno conhecido no Japão e fora como o "homem vegetal" que não quer nenhum tipo de relacionamento sexual. É o sintoma da perda de expectativa de qualquer mudança no status sócio econômico e a incerteza muito grande sobre o futuro: medo de perda de emprego e de uma crise econômica geral com aconteceu nos EUA em 1929.

Herbs

Termo usado no Japão que descreve o homem que não tem interesse em se casar ou se relacionar romanticamente.

Os Herbs (草食(系)男子 Sōshoku(-kei) danshi?) são um fenômeno social observado no Japão.

A palavra herb significa herbívoro, numa conotação que essa parcela da população não pratica nem procura o sexo e o casamento.

Esse comportamento é apontado em adultos Japoneses como em franca expansão.

Assim como os hikikomori, NEETs e as career women (kyariaūman), os Herbs estão sendo responsabilizados pela falência da estrutura social japonesa e as novas gerações de jovens têm sido apontada como a "geração perdida".

Herbs são geralmente homens de 30 a 50 anos que não se casam e nem procuram parceiras sexuais, possuem um estilo de vida muito simples, com trabalhos de baixo salário e poucas exigências.

Apesar de interagirem socialmente, tais homens não possuem iniciativa, vivem uma vida frugal e pacata, geralmente no interior.

Possuem interesses peculiares como jardinagem, fotografia e viagens.

Os herbs tem sido apontados como os "hikikomoris que cresceram" ou os "neets que resolveram sair da internet".

O feminismo criou um impasse comportamental onde o macho incentiva a libertação da mulher para ser mais autônoma, ser disponível para relacionamentos, mas na hora de compromisso preferem as mulheres tradicionais subservientes e virgens, apesar de apoiar politicamente todas as feministas liberadas, um paradoxo social e uma contradição comportamental.

A era do pensamento único obriga a unificação do discurso e das narrativas mesmo que a realidade siga exatamente o contrário, estamos vivendo a era da censura ideológica e da instrumentalização da demência intelectual e da arte da dissimulação das intenções e dos discursos subliminares e das entrelinhas como existia no submundo da ex URSS com os dissidentes se comunicando através de códigos secretos e de uma linguagem cifrada e subversiva cada vez mais criativa no sentido de esconder as intenções diante dos censores do politicamente correto de plantão.

As causas do problema tem sido as mesmas para ambos os grupos: altos níveis de exigência da sociedade para obter sucesso na carreira; e se submeter à mulher; punição e exclusão social.

É observado que esses indivíduos migram de áreas metropolitanas para cidades pequenas e com muita natureza.

A questão dos Herbs, Hikikomoris, Neets e das carreer women vem sendo vista como um desastre pronunciado para o país.

Na verdade, o Japão é a vanguarda juntamente com o Canadá do desastre que se avizinha na sociedade Ocidental diante da nova mulher ameaçadora, cuja sensação de poder é apenas uma pretensão facilmente identificada como um eminente e enorme regressão e fracasso que se prenuncia no maior desastre para a sobrevivência da humanidade.

Em nenhum momento da história da humanidade nem no presente nem no passado e nem no futuro a mulher mostrou qualquer possibilidade de competir com o macho, então as olimpíadas continuam a ser o espelho do enorme fracasso feminista onde os records masculinos estão a muitos degraus acima dos ridículos recordes olímpicos femininos, nem no Xadrez as mulheres se destacam, os meninos continuam a serem os melhores e únicos em engenharia, Física, Matemática, Química, e as mulheres quando muito poderão ser advogadas, médicas, enfermeiras, professoras, administradoras, todas apenas se livraram do trabalho de limpar a casa, cozinhar e passar e lavar roupa para um homem e seus filhos, o feminismo foi criado apenas por causa de uma pilha de panelas sujas, mas a conta quem vai pagar é a civilização ocidental.

Um trilhão a mais de neurônios; 8 trilhões de sinapses neuronais a mais; 2,5 maior explosão muscular, e volume muscular; 50% a mais de volume cardíaco e pulmonar; testosterona; fazem do macho uma máquina muito superior às mulheres.

Mas isso foi ignorado pelas loucas feministas, aliás consequência da deficiência dos neurônios e dificuldade de estabelecer um processo mental racional no modelo masculino.

Se os hikikomoris possuem comportamentos que podem ser qualificados como doenças mentais (estes se trancam no quarto da casa e ficam isolados da família como hermitões, e longe de todo contato físico), os Herbs são um grupo legítimo de estilo de vida e "renúncia".

Teme-se que essa geração de jovens possa levar o país a ruína financeira que não terá mão de obra qualificada para manter o 3º maior PIB do mundo.

Acrescentando ainda que as baixas taxas de natalidade impactam ainda mais no problema com uma população idosa em ascensão e poucos jovens nascendo para dar conta da demanda.

A ameaça de uma debacle econômica é uma ameaça permanente que se pode controlar, em parte, com medidas macroeconômicas e com instrumentos institucionais de intervenção forte na economia e na infraestrutura do Estado por parte do Governo e das instituições multilaterais de bancos e comércio internacionais.

Mas, infelizmente, o Japão enfrentas outras três ameaças contra as quais nada nem ninguém pode fazer alguma coisa para evitar: Tsunami, Vulcanismo, terremoto. Além do feminismo.

Existe a certeza de que o Japão será arrasado por uma combinação destas três forças mais destrutivas da natureza, do ponto de vista humano seria uma tragédia, mas a natureza tem uma força de destruição criativa para criar novos continentes e novas paisagens e trazer do fundo da crosta terrestre todos os minerais da tabela periódica tão necessários à humanidade, esse é o elevador natural de diamantes e de ouro cujas origens são as revoluções do interior da terra para expelir essas riquezas. Nada se compara, porém, com a força potencial destrutiva de uma mulher.

Todas estas razões nos levam a sugerir uma mudança geográfica com a relocação espacial territorial e humana para salvar o Japão da natureza, e por sinestesia, retirar o Japão desse clima de negativismo e negacionismo e pessimismo crônico da alma japonesa sem destruir a sua essência e a sua História e sua forte e profunda cultura.

Acredito que o sincretismo com a aberta e anárquica cultura brasileira pode desorganizar e desestruturar o sistema social japonês em benefício das relações entre os gêneros.

A sociedade brasileira é multíplice, multicultural com enorme diversidade de variedades que vão do limite do conservadorismo do interior que valoriza a virtude da virgindade antes do casamento até o limite em que a virgindade é um pesado fardo que envergonha as mulheres e garotas dos centros urbanos, onde as regras sociais são fluídas e as pessoas podem testar os limites de sua libido em público dependendo da rua, do bairro, do município ou do estado.

Não existe um padrão de comportamento nem regras determinadas rigidamente, pode-se ver que as manifestações de afeto e desafeto são igualmente liberadas e completamente públicas, o espaço de privacidade se restringe ao banheiro e ao quarto em muitos casos, isso se expressa na maneira quase despida de se trajar, na linguagem corporal, na linguagem falada e nas intenções manifestas quase sempre explícitas. Existem guetos e regionalizações onde todas as nuances podem ser verificadas em todos os espectros desde o escopo até a base desde o mais puritanismo e vitoriano até aos padrões mais ipanemenses de total liberação comportamental.

Aqui a discrição e a timidez são defeitos e não qualidades apreciadas, o toque no contato físico é muito intenso mesmo com estranhos e mesmo entre parentes, o beijo e o abraço não são somente e exclusivamente demonstrações de afeto pois fazem parte da etiqueta social mesmo as mais informais.

Brasileiro são muito afetuosos e adoram demonstrar isso, na amizade, na relação profissional, familiar e principalmente sentimental amorosa.

Isso é muito chocante para a cultura japonesa que nem sequer admite andar de mãos dadas em público, se beijar e declarações de amor verbais, então o caminho é muito longo para fusão dessas duas culturas, Japão e Brasil, mas um desafio interessante e brutal.

A maior dificuldade desta transposição vai ser a social, e não a geográfica, ou econômica, industrial, militar; se ficar entregue exclusivamente ao acaso poderá ser um desastre senão um choque intransponível.

O estilo de vida e comportamento social minimalista, discreto com um protocolo social extremamente rígido, a hierarquia social japonesa faz dos japoneses uma sociedade robotizada como se fossem androides clonados sincronizados perfeitamente previsíveis, sem emoções e amedrontados da reprovação social e muito preocupados com seu julgamento pela sociedade.

O japonês é um animal social escravo das suas regras e das expectativas sociais como um defunto vivo preso aos seus ancestrais e com medo de desagradar uns aos outros.

Os brasileiros precisam aprender disciplina com os japoneses, cumprir suas obrigações e incluírem a honestidade como regra internalizada de conduta pessoal, ser um pouco mais formal e menos indiscreto, isso traria muitos benefícios, como o comedimento e mais um pouco de formalidade nas relações sociais com um afastamento protocolar em algumas relações profissionais, evitando os excessos e abusividades costumeiras.

O mito de Gigamesh dos sumérios e dos babilônios sobre uma gigantesca inundação que varreu toda a terra, conhecido também como a história da Arca de Noé dos hebreus, e também existente em culturas tão separadas geograficamente como na mitologia dos Incas e em muitas outras mitologias conhecidas desde a Antiguidade reclamando uma grande inundação ou dilúvio.

A ideia de salvamento de uma nação através de migração em massa é uma versão da arca de Gilgamesh ou da grande arca de Noé que são os mitos de renascimento fisicamente e demograficamente de uma civilização na maior de todas reengenharias social, política e socioeconômica.

Todo um continente americano foi repovoado através de enormes arcas transportando milhões de migrantes, desde Américo Vespúcio, Cristóvam Colombo, Pedro Álvares Cabral, Vincente Pinzón, ora como retirantes, ora como refugiados, ora como colonos, e até como escravos, saindo de um continente em direção ao outro, como um dia o faremos para reconstruirmos em um planeta distante a população da terra ameaçada por alguma catástrofe irremediável.

A ideia de transferir toda uma nação para um novo território aconteceu mais recentemente em 1948 com a criação do estado de Israel para o território da Palestina.

Mas, ao contrário de Israel, o Japão não precisa invadir nem ocupar nenhum território alheio, pode ser convidado a dividir um território a convite de uma nação amiga que lhe queira compartilhar uma parcela pequena mas suficiente para assentar 80 milhões de habitantes em um espaço confortável como os brasileiros fizeram construindo em apenas cinco anos uma cidade inteira em 20 mil quilômetros quadrados, a cidade de Brasília, com 3 milhões de habitantes, uma cidade horizontal muito espalhada e com baixa densidade populacional que atraiu mais 3 milhões de migrantes adicionais para o seu entorno nas suas divisas fazendo um conturbado de 6 milhões de habitantes depois de 62 anos apenas.

Brasília já ostentou o maior índice de natalidade e fertilidade do mundo nos anos 90, com o índice de 5,9 filhos por mulher, com um forte crescimento migratório, numa das regiões limítrofes das divisas de Brasília aconteceu em apenas oito anos o fenômeno quando se passou de um pequeno povoado de 6000 habitantes que cresceu para 160 mil habitantes em Águas Lindas de Goiás a apenas 10 quilômetros das divisas do Distrito Federal.

Temos a exitosa implantação do Estado de Israel em 1948 e a construção de Brasília em 1960 em menos de cinquenta anos apenas, nada nos impede de acreditar que os 80 milhões de habitantes, e suas fábricas, e universidades, e laboratórios, e templos, e escolas, e jardins poderiam ser transladados para uma área do Brasil situada entre a Europa e a América do Norte, bem na esquina do mundo, em estado de Amapá.

O Estado do Amapá, isolado pelo oceano e polo rio Oiapoque, e pela floresta amazônica do território continental brasileiro.

Mas o Japão precisa ser convidado e ter todas as garantias de preservação de sua autarquia, autonomia e soberania preservadas, para depois estabelecer fortes alianças com seu Estado anfitrião hospedeiro.

O Brasil terá que disputar com Dubai nos Emirados Árabes Unidos que pretende construir uma megalópole vertical e precisa e quer atrair milhões de pessoas para o seu projeto populacional metropolitano, assim como o Canadá, bem como a imensidão da Austrália, o Brasil precisa ser muito agressivo nesta competição invisível, discreta, sutil e dissimulada.

O Japão viria para o Brasil com tudo que possui em suas economias e capitais (humano, cultural, financeiro, intelectual, militar, étnico, comercial, industrial, bancário) e inteligências: com as suas máfias Yakusa, samurais, geeks, animes, gueixas; tradição de desfile do pênis gigante, aikais, sushimi, saquê, karaokê, sushi, banzai, sumô, kamikazes, ofulô, origami, kimono; artes: (ikebana, ukiyo-e); técnicas   artesanais: (bonecas,   objetos lacados, cerâmica); espetáculos: (dança, kabuki, no h, raku-go, Yosakoi, Bunraku);   música: (Sankyoku, Joruri e Taiko);
e tradições: (jogos, onsen, sento, cerimónia do chá); kenjutsu, kendo, kyūdō, sojutsu, jujutsu,
noh, kyogen, kabuki e bunraku.

A grande aventura da nova Arca de Noé é uma cidade planejada totalmente como o arquipélago e as ilhas de Dubai, uma cidade vertical em um desenho circular para que a circulação terrestre seja infinita e otimizada para ser racional, separadas em vias circuncêntricas, separadas para :

1 - linhas de Metrô,

2 - linhas exclusivas de ônibus,

3 - pistas exclusivas para motocicletas,

4 - pistas exclusivas para bicicletas,

5 - pistas exclusivas para pedestres,

6 - pistas separadas para ônibus sobre trilhos VLT BRT.

Então terá o desenho urbano em forma de anel com 50 quilômetros de diâmetro perfazendo uma área de 7500 quilômetros quadrados que abriga 8000 prédios de cem andares, capazes de receberem 80 milhões de pessoas com:

1) garagem,

2) jardins,

3) gramados,

4) mini lazer completo com:

5) piscinas,

6) parque infantil,

7) salão gourmet,

8) quadras poliesportivas,

9) salão de festas,

10) churrasqueiras,

11) sala de jogos,

12) sala de som,

13) saunas,

14) sala de videogames,

15) lan-house,

16) garagem coberta,

17) estacionamentos, para cada unidade de prédio separados por 150 metros de espaço entre cada prédio.

Nas bases de cada torre haveria um micro-comércio local com boxes de:

1) padarias,

2) açougues,

3) farmácias,

4) salões de beleza,

5) armarinhos,

6) papelarias,

7) bares,

8) lanchonetes,

9) praça de alimentação,

10) oficinas,

todas de tamanho muito pequeno com 10 metros quadrados apenas para pequenas compras e prestação de serviço que não atraiam clientes externos ao condomínio predial, tal e qual o comércio local inter e entre quadras no Plano Piloto em Brasília.

Cada apartamento de dois e três quartos, com espaço para tele-trabalho, - home ofice - , torres de 25 imóveis por andar em cada um dos 100 andares, cada torre possuirá 2500 apartamentos; 8000 torres perfazendo 8000 x 2500 = 20.000.000 de residências capazes de abrigarem 80 milhões de moradores, dispostas em círculos concêntricos separados de 150 metros entre si.

Serão mais 10.000 quilômetros quadrados para construção de fábricas subterrâneas sendo a parte superior para pátio de mercadorias, estacionamento e jardins.

Serão mais 5 mil quilômetros quadrados para agricultura sustentável com fruteiras e com hortas, sítios, e, chácaras e quintas.

No total uma cidade 22.500 quilômetros quadrados, 6,3% da superfície do estado do Amapá onde será instalado a cidade estado Brasil-Japão.

Será a segunda maior migração japonesa para o Brasil depois da migração de 1908, o Brasil ainda é o país do mundo que recebeu mais japoneses, e o Japão é o país do mundo que possui mais imigrantes, na verdade, ocupação militar de pós-guerra, de norte-americanos, com 120 bases aéreas ali.

Ao centro do desenho urbano do círculo dos prédios residenciais periféricos ficariam as 2000 torres com 100 andares cada uma delas de serviços, com: hospitais, escolas, lojas, oficinas, clubes, escritórios, universidades, institutos, organizações, igrejas, quartéis, administração pública em torres também de 100 andares e subsolos, com padarias, açougues, armarinhos, papelarias, consultórios, clínicas, academias, igrejas, templos, salões de estética, estúdios, shoppings centers, barbearias, sapatarias, lanchonetes, joalherias, bibliotecas, auditórios, museus e hotéis.

Os grandes estádios ficam na periferia, juntamente com os três aeroportos, um de passageiros, um de cargas e a base aérea militar, os museus, e locais de grandes feiras, revendas de automóveis, motos, bicicletas, triciclos, barcos, aviões, oficinas de conserto de tudo.

No litoral ficariam os três grandes terminais portuários: um para descarga, outro para embarque de cargas; o porto de turismo para grandes embarcações; uma área de navios militares isolada das demais; estaleiros navais.

É de se esperar que dentro de 30 anos esse pequeno território será o metro quadrado mais valioso e mais caro do mundo todo.

Por causa da alta densidade demográfica por metro quadrado, e por causa da alta densidade de pessoas do mais alto nível por metro quadrado do mundo.

Irá superar city-states como: Hong Kong, Seul, Nova Iorque, Manhattan, Londres, Berlim, Paris, Bruxelas, Viena, Berna, Luxemburgo, Panamá, Genebra, Zurique, Roma, Nápoles, Mônaco, Estocolmo, Los Angeles, San Francisco, Moscou, Gibraltar, Liechtenstein.

Existe um enorme risco político de um encrustamento total com isolamento dentro do território brasileiro, e mesmo a divisa ou fronteira física muito próxima pode ser uma enorme distância causada pela enorme disparidade cultural, de idioma, tecnologia, e a enorme dificuldade de sincretismo étnico, miscigenação dificultada por muitas décadas de aculturamento social.

A obra de construção de Brasília, conhecida também como o Distrito Federal, constitui um exemplo valioso e paradigmático para o estudo de construção de colônias espaciais e ultra-planetárias extremamente valiosas para o futuro das colônias extraterrestres, colônias subterrâneas, submarinas, nas florestas, o caso Brasília é singular e excepcional.

Para quem não sabe o projeto da construção de Brasília, - uma cidade inteira transplantada para o cerrado onde não havia nada senão muito mato e algumas aldeias indígenas e grandes fazendas extensivas no meio do território brasileiro, uma cidade nova e completamente isolada e longe das cidades, metrópoles, centros urbanos, sem estradas e sem qualquer aparelho urbano, - foi idealizado e realizado planejadamente.

Conta a História que foi proposto e definido pela primeira constituição republicana em 1891 a previsão da construção e da mudança da capital do Brasil para o planalto central no interior do Brasil, para ocupar uma posição central equidistante das grandes metrópoles brasileiras.

A elite brasileira desde o descobrimento do Brasil - o qual ficou dividido em capitanias de desenvolvimento agrário de exploração do pau Brasil em ano de 1530, - que logo descobriu outras vocações econômicas com ciclos econômicos de produção de cana de açúcar que era vendido in natura em estado bruto e refinado em segredo industrial na Holanda, e de lá era embranquecido por processos sigilosos e distribuído por toda a Europa.

Depois deste produto começou simultaneamente a cultura do café, onde o Brasil manteve até os dias de hoje a maior produção mundial deste produto; além do açúcar, café, veio a onda do cacau para a produção de chocolate pela liderança de um país que não produz uma única folha de cacau, a Suíça, e depois a Dinamarca, os maiores produtores de chocolate do mundo sem mesmo produzir a matéria prima do chocolate que foi uma invenção dos Maias, pois era o chocolate uma bebida religiosa, assim, como a folha de fumo que saiu das américas para virar o cigarro, o charuto e o cachimbo que dominaram o mundo todo, a produção de borracha de seringais do Acre.

O Brasil passou por todos estes ciclos como uma razoável economia de commodities, e começou a pecuária extensiva em quase todo o território nacional, com gado bovino, e com a produção de carne de charque e leite de gado bovino.

Com a mineração de ouro e de metais preciosos com o ouro houve a expansão territorial para as fronteiras principalmente na Amazônia e para o interior do Brasil com os bandeirantes paulistas expandindo e colonizando o cerrado em busca de escravos fugitivos e ouro do interior do Brasil.

Com a revolução industrial a descoberta das gigantescas reservas de minério de ferro foi determinante para a mudança da elite agrária - construída na exploração do campo que se baseava na imensa riqueza do café e do leite, que determinou a política brasileira durante toda a república velha – para a elite comercial e industrial.

O Brasil começou a se industrializar e a elite agrária perdeu a exclusividade do controle da política nacional, e o reflexo disso foi a mudança da distribuição geopolítica da população que era predominantemente rural (80% dos habitantes viviam nos campos) até os anos 30 e passou a ser urbana (90% da população urbana que migrou dos campos para as cidades, no governo de Getúlio Vargas), e a elite rural que continua forte passou a dividir o poder com as elites financeirizadas e as elites industriais e comerciais, o setor de serviços passou a ser 80% do PIB brasileiro como em qualquer país desenvolvido durante a fase de governo militar em 1964.

A chamada política do café com leite que dividia o controle político entre São Paulo com os produtores de café, e a elite mineira com o controle da produção de leite deixaram de formar o consórcio que governava o país, e a capital federal que se situava no Rio de Janeiro, justamente no meio das distâncias equidistante respectivamente de São Paulo e Belo Horizonte, exatamente 400 quilômetros de cada direção, passou a ser Brasília, novamente equidistante 1000 quilômetros de São Paulo, Belo Horizonte e Rio de Janeiro, terminava a etapa de revezamento entre os presidentes da república entre mineiros e paulistas (política do café com leite), terminando o acordo que existia entre os maiores estados.

Então foi constituída uma equipe para procurar um sítio no cerrado goiano para se construir a nova capital do Brasil, esta missão, chamada comissão Cruls, foi encarregada de constituir uma caravana para percorrer lugares sem estrada para fazer um relatório de identificação e descrição com estudos para estabelecimento da nova capital brasileira.

Assim foi estabelecido que a nova capital seria construída no planalto central em goiás, na divisa com Minas Gerais.

O presidente do Brasil Juscelino Kubitschek de Oliveira decidiu iniciar a construção da nova capital em 1960 conforme indicava a relatoria da comissão Cruls, infelizmente em um local não aprazível à existência humana, sem um grande rio ou grande lago natural que pudesse servir de fonte de água potável, com um clima extremamente hostil, com um período de seca prolongada de seis a oito meses, com um período de chuvas prolongadas de seis a oito meses, com basicamente duas estações bem marcadas no ano, este lugar inóspito foi se modificando pela ação antrópica através da presença humana, da construção de um imenso lago artificial, do represamento de rios, Rio Descoberto, para obter água potável para a cidade localizada nas divisas Goiás-Minas Gerais.

Foi estabelecido um concurso de disputa entre arquitetos para elaborar o projeto vencedor para o desenho urbano da cidade de Brasília, vencido pela equipe do arquiteto urbanista Lúcio Costa, que desenvolveu a ideia de um formato de cruz recurvada, e a ideia de organização da cidade em setores separados para habitação, serviços e indústria.

O desenho básico da cidade é de separação de setores: habitacional de prédios, habitacional de casas, setor comercial, setor hospitalar, setor de industrial e de reabastecimento, setor de grandes garagens, setor bancário, setor de transporte, setor de igrejas e escolas, aeroporto, setor de mansões e chácaras.

Nos grandes setores existe uma pequena área reservada para pequenas lojas de atendimento localmente com 10 a 20 metros quadrados, mesmo no comércio local das superquadras residenciais com gabarito de altura obrigatório e produz uma paisagem regular e monotônica.

Uma vez tomada a decisão de construção da cidade, quando se teve um plano completo, a execução foi extremamente rápida e muito precisa, em apenas três anos a cidade estava funcionando como a capital do Brasil, e em cinco anos os principais aparelhos urbanos estavam instalados, e a migração começou aceleradamente e continua até os dias de hoje, graças principalmente à tenacidade e ao empenho extraordinário dos pioneiros candangos que suportaram a enorme solidão e o isolamento durante os tempos pioneiros.

Brasília é uma fonte permanente e rica de estudos de como se constitui uma comunidade de pessoas únicas que vieram dos 26 estados de todo o Brasil (26 sotaques, 26 culinárias, 26 sistemas sociais, 26 modas de vestuário) 190 embaixadas e consulados do mundo todo, escritório de todas as empresas estatais brasileiras e grandes empresas privadas, representação de mais de 5000 sindicatos e de federações e confederações sindicais, é um experimento antropológico único, parecido com a mistura e miscigenação acontecida em São Paulo, que levou muitas décadas, onde além dos brasileiros de todos os estados São Paulo recebeu colônias de todos os lugares do mundo, todas as culturas, religiões, línguas, etnias, migrantes de toda parte, como a cidade de New York.

Um experimento como Brasília tinha todos os ingredientes para ser um enorme fracasso, e milagrosamente deu certo, principalmente por causa da enorme resiliência dos nordestinos, que provaram a enorme capacidade de suportarem os maiores sacrifícios, isolamento, solidão, basta se imaginar que no primeiro ano havia 80 mil homens operários, e apenas umas 10 mil mulheres, muitas confusões, sem lazer, teatro, um simples botequim, sem comércio, sem restaurantes, sem escolas, e assim permaneceu por algumas décadas, onde o melhor hospital de Brasília era tomar um avião e sair depressa para procurar um atendimento em uma cidade próxima, onde comércio de roupas, sapatos, maquiagem, cosméticos, joias, relógios, perfumes, livros, e bolsas eram supridos pelas sacoleiras, que salvavam a população de ficarem sem estes itens de conforto de primeira necessidade.

São coisas que não são cogitadas pelos criadores urbanos, quando, como e onde as pessoas vão se divertir, talvez por isso Brasília ostentou por muitas décadas a cidade com os mais altos índices de consumo de: discos fonográficos, filmes fotográficos, equipamentos de som, automóveis, livros, revistas, jornais, bebidas, cigarros, a maior variedade de templos e religiões as mais diversas e exóticas, Brasília foi a capital brasileira dos divórcios e dos casamentos.

Brasília criou dois movimentos religiosos inéditos e originais no mundo: a Cidade Eclética em Planaltina, e Dona Tia Neiva e seus seguidores do

Vale do Amanhecer em Santo Antônio do Descoberto.

São disfunções facilmente percebidas como ligadas à falta de opções de lazer e de distanciamento social justamente por causa da diversidade cultural e choque de culturas com sotaques diferentes, comidas diferentes, comportamentos diversos, e a população atirada nesse caldeirão que teve que aprender a conviver com extremos de liberalidade sexual dos cariocas contra o conservadorismo extremos dos nordestinos do interior, com a opulência exagerada dos goianos, com a discrição da opulência mineira, com a arrogância indiscreta dos gaúchos, e assim a população teve que aprender e tolerar as suas diferenças.

Vivem os brasilienses a segregação espacial econômica produzida pela geografia espacial da cidade consequência da arquitetura urbana que separa as habitações em bairros exclusivos por: mansões, para casas populares em cidades populares, em setor de embaixadas, em superquadras residenciais exclusivas para militares do exército, marinha, aeronáutica, fuzileiros navais, bombeiros, generais, oficiais superiores, servidores separados por repartição pública como funcionários públicos federais, estaduais, policiais, e por classe de renda.

Foi um tipo de organização das moradias onde em um único bloco moravam funcionários públicos de um único ministério, ou repartição governamental como por exemplo, um bloco uma quadra ou superquadra para funcionários do Itamaraty, ou do ministério da Educação e Cultura, e mesmo para cada repartição pública federal ou estadual.

Às vezes eram segregados por categoria profissional, como uma quadra ou superquadra ou bloco residencial exclusivamente para professores, como a famosa colina da UnB, um conjunto de prédios residenciais, onde moravam os professores universitários da Universidade de Brasília.

Milhares de "papers" e livros foram escritos pelos brasilienses sobre Brasília, alguns textos permanecem inéditos e alguns sigilosos e reservados, porque podem ainda causar polêmica e revolta por causa dos temas abordados - alguns ainda tabus, - outros podem ser considerados até ofensivos às minorias étnicas, regionais e sociais.

Para se fazer esta transposição entre o Japão e o Brasil somente o processo em si poderá indicar a melhor maneira de ser conduzido, nada do que se pode prever poderá antecipar o que realmente irá se suceder. Brasília o prova.

Muito se poderia aprender, reaprender e apreender com a construção de Brasília, com os projetos civis em Dubai nos Emirados Árabes Unidos que são as grandes obras civis inclusivas urbanas de conturbados totalmente planejados como uma unidade pública única e com administração privada e incentivos estatais de largos projetos de infraestrutura urbana.

Certamente que este tipo de projeto corre melhor e mais rápido quando executado à margem dos governos que costumam paralisar estas ações por causa da pesada máquina decisória que naturalmente possui seus meandros e mecanismos de feedback fortemente atrelado aos interesses políticos e controlados socialmente pela opinião pública e pelos meios de mídia de massa nem sempre conectados pela realidade e dificilmente compromissados com o longo prazo.

Justamente a defesa política da construção e mudança da capital para Brasília rendeu para o presidente Juscelino Kubitscheck a sua deposição e exílio no exterior que durou até a sua morte, sendo a consolidação política de Brasília um processo muito mais demorado do que a própria construção física e civil da cidade.

Isso indica que o projeto político requer muito mais cuidado e esforço do que parece, com certeza o projeto político vai consumir muito mais tempo e recursos humanos, financeiros, emocionais e políticos do que o projeto físico.

Uma comissão terá que ser formada como se fosse um mini parlamento constituinte que prezará em conduzir todos os aspectos desse projeto:

1- o projeto político,

2- o projeto psicossocial,

3- o projeto civil,

4- o projeto ecológico sustentável,

5- o projeto econômico,

6- o projeto militar,

7- o projeto comercial,

8- o projeto arquitetônico,

9- o projeto diplomático,

10- o projeto logístico,

11- o projeto energético,

12- o projeto urbano,

13- o projeto de infraestrutura,

14- o projeto de comunicação social,

15-   o projeto gerência de dados e de informações,

16-   o projeto de proteção de direitos privados e humanos,

17-   o projeto de segurança,

18-   o projeto de adequação cultural.

A minimização dos enormes riscos políticos precisa ser preocupação constante, por causa do modelo de institucionalização, em que o modelo de Estado não é claro nem convencional, uma forma de organização ainda não definida nos manuais de ciência política, pois já vimos uma nação sem estado e sem território, como viveu a nação judia por 2000 anos até se restabelecer na Palestina como o Estado de Israel; ou a grande nação muçulmana espalhada por diversos estados, com muitas línguas e dialetos em todos os continentes; ou organização de enclaves como Gibraltar, Hong Kong, Taiwan; como As Falklands/Malvinas, Mônaco, ou como a Guiana Francesa; ou estados financeiros como Liechtenstein, Bahamas, Seicheles; Então, novas formas de organização política estão sendo admitidas embora não canônicas.

Esta é a oportunidade de a nação japonesa sair da regência e da dominância do Estados Unidos.

Hong Kong situa-se no continente asiático e faz fronteira com a China, desde a ocupação pelos ingleses no século XIX permaneceu como colônia de distribuição do ópio que era uma substância liberada e de muito uso na Europa como diversão por isso houve muita disputa por esse produto de recreação inclusive provocando a mencionada Guerra do Ópio, ou, guerra pelo ópio.

Hong Kong possui uma área de 1 104 km² e tem uma população de sete milhões de pessoas, e é uma das áreas de maior densidade demográfica do mundo.

A população da cidade sempre foi composta por 95% de chineses e 5% de outras etnias.

Hong Kong tornou-se uma colônia do Império Britânico após a Primeira Guerra do Ópio (1839-1842).

Originalmente confinada à uma Ilha, Hong Kong, as fronteiras da antiga colônia foram estendidas em etapas para a Península de Kowloon em 1861, adentrando no continente chinês, e, em seguida, para os Novos Territórios, em 1899 e mais uma ilha.

Hong Kong foi ocupada pelo Império do Japão, também, durante a Guerra do Pacífico, após a qual o controle britânico foi retomado até 1997, quando a China reassumiu a soberania e autonomia da cidade.

A constituição de Hong Kong, estipula que a cidade Estado deve ter um "alto grau de autonomia e soberania política e econômica", e, em todas as esferas, exceto nas relações exteriores e na defesa militar.

A população de Hong Kong cresceu muito durante a década de 1990, alcançando 7,4 milhões em 2018 graças as migrações de chineses.

Hong Kong é a quinta maior região metropolitana da República Popular da China por número total de habitantes em sua população bruta.

Por ser considerado como uma território, Hong Kong é um dos países-cidade-estado mais densamente povoadas do mundo, com uma densidade geral de mais de 6,2 mil pessoas por km².

Foi firmado uma acordo político entre a ex Metrópole Britânica do Reino Unido com a China por meio da Declaração Conjunta Sino-Britânica como princípio subjacente da política "um país, dois sistemas", Hong Kong o que criou um regime político único concedendo um novo tipo de sistema de Estado e regime de governo singular no mundo", concedendo um relativamente elevado grau de autonomia como uma região administrativa especial em todas as áreas, exceto nos âmbitos estritos da defesa e política externa, que ficaram adjudicados ao encargo político da China."

A declaração conjunta sino-britânica estipula que a região mantenha seu sistema econômico no modelo e forma capitalista liberal e garante os direitos e as liberdades de sua população por, pelo menos, 50 anos após a entrega de 1997, o que se concluirá no ano de 2047.

As garantias dadas sobre a autonomia e soberania limitadas do território e os direitos e garantias individuais de liberdades e iniciativa privadas estão consagrados e regulamentados na Constituição, a Lei Básica de Hong Kong, que descreve o sistema de governo e regime de estado curioso e singular da Região Administrativa Especial Hong Kong, mas que está sujeita à jurisdição, competência de interpretação do Comitê Permanente do Congresso Nacional do Povo (CPCNP) de Hong Kong.

Os principais órgãos e instituições jurídico políticas que constituem os pilares tripartite seguindo o modelo de repartição dos poderes do Estado segundo a doutrina de Montesquieu e os princípios de Hamilton com a ideia de checks e balances do governo são os Conselhos Executivo e Legislativo, os serviço civis e o Judiciário.

O Conselho Executivo colegiado – que representa o governo de Hong Kong -   é dirigido pelo Chefe do Executivo, - uma espécie de primeiro ministro - que é eleito por sufrágio indireto pela Comissão Eleitoral e, em seguida, nomeado, ratificado, pelo Governo Popular Central da China.

O serviço civil é um órgão politicamente neutro agindo como uma agência autônoma, insólito e especialmente existente nesse regime, que implementa políticas e fornece serviços de governo.

O Conselho Legislativo tem 70 membros, que atua como parlamento federal de Hong Kong, com cadeiras de representantes, metade das quais são diretamente eleitos por sufrágio direto universal, por todos os residentes habilitados permanentes de Hong Kong que sejam adultos, de acordo com o local do seu domicílio nas cinco circunscrições geográficas.

A outra metade das cadeiras desse parlamento é eleita por sufrágio indireto, por circunscrições funcionais representantes de corporações privadas e públicas institucionais, isto é, por grupos restritos de pessoas individuais e/ou representação de coletivos (ex: empresas, associações ou organizações locais) que pertençam ou representam os interesses de determinados setores sócio-econômicos considerados importantes de Hong Kong.

O Conselho legislativo federal de Hong Kong é presidido pelo Presidente do Conselho Legislativo, que serve como porta-voz desse parlamento.

Os juízes são nomeados pelo Chefe do Executivo sobre a lista de nomes de juristas por recomendação de uma comissão independente.

Segundo o Banco Mundial, a economia de Hong Kong é a 30ª do mundo em tamanho do PIB.

Hong Kong possui a economia menos restrita do mundo para negócios e é basicamente livre e isenta de taxas e de impostos.

É a 10ª maior entidade de comércio e o 11º maior centro bancário do mundo com imensa estrutura portuária e logística.

A presença dominante do comércio mundial está refletida no número de consulados localizados no território de Hong Kong: em junho de 2005, Hong Kong possuía 107 consulados e consulados-gerais, mais do que qualquer outra cidade no mundo.

Nova Iorque, por exemplo, sede das Nações Unidas, possui 93 consulados.

Com o PIB *per capita* nominal a US$ 24.080 em 2004, o número é um pouco menor do que a média das quatro maiores economias da Europa Ocidental.

No entanto, estaria em 11º lugar em termos de PIB *per capita* (base PPC) no mundo (US$ 32.292), que é mais alto que o do Japão (US$ 31.384), tornando Hong Kong um dos territórios mais ricos da Ásia.

O Aeroporto Internacional de Hong Kong é o principal aeroporto do território. Mais de 100 companhias aéreas operam voos a partir do aeroporto, incluindo a Cathay Pacific, a Hong Kong Airlines, a transportadora regional Cathay Dragon, a companhia aérea de baixo custo HK Express e a Air Hong Kong.

É o oitavo aeroporto mais movimentado pelo tráfego de passageiros e lida com o maior tráfego exclusivo de carga aérea do mundo.

A maior parte do tráfego privado de aviação recreativa e de aviação executiva voa pelo Aeródromo de Shek Kong, sob a supervisão do Clube de Aviação de Hong Kong

Hong Kong consiste de 18 distritos administrativos:

Ilhas

1.   Kwai Tsing (Kwai Chung e Tsing Yi)

2.   Norte

3.   Sai Kung

4.   Sha Tin

5.   Tai Po

6.   Tsuen Wan

7.   Tuen Mun

8.   Yuen Long

9.   Cidade de Kowloon

10.   Kwun Tong

11.   Sham Shui Po

12.   Wong Tai Sin

13.   Yau Tsim Mong (Yau Ma Tei, Tsim Sha Tsui e Mong Kok)

14.   Central e Ocidental

15.   Oriental

16.   Sul

17.   Wan Chai

Os distritos surgiram a partir de 1999 como unidades de gestão locais de Hong Kong.

Hong Kong é um exemplo de que tamanho de território deixa de ser determinante para o sucesso de uma nação, e assim com outras nações pelo mundo que souberam multiplicar as oportunidades em um exíguo pedaço de terra e produzir uma economia extremamente competitiva muito maior do que muitos mastodontes continentais enormes e paquidérmicos, com o máximo de eficiência tirando proveito do capital humano principalmente, com a política estabilizada nem sempre sendo os melhores exemplos de democracia e de respeito aos direitos humanos e toda a agenda impositiva dos estados anglo-saxões que apenas escondem os seus próprios defeitos e suas violações internas de direitos humanos e de democracia viciada e estrita.

Gibraltar é uma pequena península localizada no sul da Península Ibérica, com uma superfície de 6,8 km², limitada a norte por uma estreita fronteira terrestre com Espanha e, dos outros lados, pelo Mar Mediterrâneo, Estreito de Gibraltar e Baía de Algeciras, com 12 km de linha de costa.

Existe uma longa História de ocupações e guerras de conquistas, lutas e acordos diplomáticos desde os mouros, passando por diversas nacionalidades que ocuparam Gibraltar e atualmente faz parte de uma pequena colônia inglesa de ultramar.

Gibraltar é a porta de entrada marítima do mar Mediterrâneo, e do Mar Negro, mar Adriático, portanto de toda a Europa interior chegando esta via marítima até a Ásia. Fica no ponto mais próximo da África a partir do continente Euro-asiático.

O seu aspeto é de um tabuleiro altiplano com 426 m de altitude e o seu clima é mediterrânico, com invernos suaves e verões quentes.

Gibraltar é um dos territórios britânicos ultramarinos, e o poder executivo do tipo de sistema parlamentarista anglo-gibralteno, de Gibraltar, é partilhado pelo Governador, designado pelo monarca do Reino Unido, e pelo seu governo autónomo, presidido por um Ministro Principal.

O compromisso e a ligação da Grã-Bretanha pelos cidadãos naturais de **Gibraltar** quanto à sua **nacionalidade** está expresso na Constituição de **Gibraltar**. Os naturais de **Gibraltar** são uma mistura de: ascendências mourisca, britânica, maltesa, asiática, genovesa e espanhola e falam tanto o inglês como o castelhano. A maioria é católica.

Desde a adoção das cartas constitucionais de 1969 e de 2006, este último adjudicou-se a sua autonomia e soberania limitada em diversos aspetos, embora os assuntos de defesa, relações externas, segurança interna e finanças sejam competências reservadas ao Governador de Gibraltar sob a tutela do Reino Unido.

Uma vez que Gibraltar não possui recursos agrícolas nem minerais, os seus habitantes, na maior parte, têm as suas atividades económicas relacionadas com o porto, as docas, as bases da NATO (OTAN), o comércio eletrônico e as atividades financeiras.

As principais atividades da economia Gibraltense são as reparações em estaleiros navais de porte mediano, o reabastecimento aos navios, as indústrias alimentares e de bebidas, o turismo, o comércio e os serviços de reexportação.

Embora a presença naval britânica em Gibraltar tenha diminuído em todo o mundo devido ao regime de restrições e de reengenharia da força naval britânica desde o seu auge, atualmente, o estreito de Gibraltar é uma das mais frequentadas vias marítimas do Mundo, com a passagem de um navio a cada seis minutos.

Gibraltar não tem subdivisões como outros territórios. Todavia, em termos meramente administrativos, culturais e estatísticos pode ser subdividido em sete áreas residenciais. Elas estão listadas em baixo, sendo os dados da população retirados do Censo de 2001.

Área residencial		População	%
1	Lado Oeste	429	1,33%
2	Distrito Norte	4 116	12,78%
3	Áreas de Reclamação	9 599	29,82%
4	Áreas de Areia	2 207	6,86%
5	Distrito Sul	4 257	13,22%
6	Área Citadina	3 588	11,14%
7	Alta da Cidade	2 805	8,71%
Gibraltar		27 001	83,87

Gibraltar está aqui para demonstrar com um minúsculo território de 1700 acres apenas, muito menor do que qualquer fazenda de plantação de soja, feijão, arroz, milho consegue maior projeção estratégia e política mesmo sem ser autossuficiente em energia, alimentos, água potável obtendo uma proeminência muitas vezes desproporcional ao seu tamanho territorial, muito maior que uma centena e meia de países do mundo todo.

Mónaco, oficialmente estabelecido como **Principado do Mónaco** ou **Principado de Mônaco** (em francês: *Principauté de Monaco* AFI: [pʁɛ̃sipote də monako]; em dialeto monegasco: *Principatu de Múnegu*), é uma cidade-estado soberana e, portanto, um microestado, situado ao sul da França debruçado no mar Mediterrâneo, paraíso fiscal dos milionários e bilionários.

Fazendo frente com o mar Mediterrâneo, o principado, fundado em 1297 pela Casa de Grimaldi – até hoje sua soberana –, fica a menos de 20 quilómetros a leste da cidade de Nice, na França, e 20 quilómetros a oeste da cidade de Ventimiglia em Itália.

O Principado de Mônaco é uma cidade-estado localizado na Riviera Francesa, no oeste da Europa, fazendo fronteira com a França e divisa com o Mar Mediterrâneo.

Dividido em 10 distrito e 4 áreas tem uma população de 37.308 habitantes e se estende por 2 quilômetros quadrados, sendo assim o segundo menor estado soberano no mundo, atrás apenas do Vaticano, e o mais densamente povoado.

Tem um terreno montanhoso elevado e rochoso, com o ponto mais baixo naturalmente sendo na costa do Mar Mediterrâneo e o ponto mais alto em Chemnin des Revoires, a 163 m de altitude.

Tem clima mediterrânico de verão quente, com verões secos e invernos moderados, precipitação anual de 743,6 mm e 2.574,7 horas de sol anuais

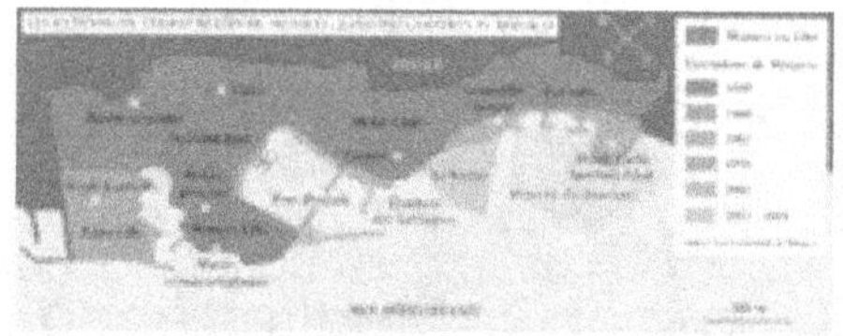

Mônaco e reivindicações de terra desde 1861

Por ter um território pequeno e uma elevada densidade demográfica, o governo monegasco investe em reivindicação de terra do Mediterrâneo para criar novos espaços para desenvolvimento urbano. Durante 150 anos, 40 hectares de terra foram recuperados do mar, recentemente foi concluída uma das fases do projeto de reivindicação de terras em solo marinho da costa mediterrânea de Le Portier, que consistia em um projeto de 15 hectares, mas foi reduzido para 6 hectares, já reclamados mas ainda não desenvolvidos. É esperado que até 2025 o projeto seja totalmente concluído.

Possui aproximadamente uma área de 202 hectares (2,02 km²), sendo o segundo menor Estado do mundo, atrás apenas do Vaticano, com 44 hectares de área, e é o estado com a densidade populacional mais alta do mundo.

Tem como forma de governo a monarquia constitucional, em que o monarca é Sua Alteza Sereníssima, o Príncipe Alberto II do Mónaco.

O principado de Mônaco é um dos seis microestados da Europa e um dos 24 do mundo.

É governado há mais de sete séculos pela Casa de Grimaldi, sendo uma das 48 monarquias da atualidade.

A população do Mónaco apresenta uma característica rara: seus habitantes nativos (os monegascos) são minoria em seu próprio país, perfazendo apenas 21,6% do total de habitantes. Os franceses são 28,4% e os italianos, 18,7%.

O desenvolvimento econômico foi estimulado no final do século XIX, com a abertura do primeiro casino do país, Casino de Monte Carlo, e uma conexão ferroviária com Paris.

Desde então, o clima ameno, as paisagens e as instalações de jogos do Mônaco contribuíram para o status do principado como destino turístico e centro de recreação para os ricos.

Nos últimos anos, Mônaco tornou-se um importante centro bancário e procurou diversificar sua economia no setor de serviços e em pequenas indústrias de alto valor agregado e não poluentes.

O estado não possui imposto de renda, baixos impostos comerciais e é bem conhecido por ser um paraíso fiscal.

É também o anfitrião da corrida anual de carros de circuito de Mônaco, um dos Grandes Prêmios originais da Fórmula-1 e local de nascimento do piloto da Scuderia Ferrari, Charles Leclerc.

O principado tem um time de futebol, o AS Mônaco, que se tornou campeão francês em várias ocasiões, e é sede do internacional festival de premiação da música World Music Awards.

Mônaco não faz parte da União Europeia (UE), participa de certas práticas políticas do bloco, as quais poderiam produzir fortes desentendimentos e introduzir distorções políticas e fiscais caso não adotasse controles alfandegários e de fronteiras comuns acordadas entre os organismos multilaterais.

Por meio de seu relacionamento com a França e coma concessão da UE, o Mônaco usa o euro como sua única moeda (antes disso, usava o franco monegasco).

O país ingressou no Conselho da Europa em 2004 que é um órgão multivinculado e internacional não subordinado à UE. É também, membro da Organização Internacional dos praticantes do idioma oficialmente francês da Francofonia (OIF) muito embora somente 25% dos habitantes tenham o francês como primeiro idioma, Mônaco é poliglota.

Não se misturar com organismos multilaterais militares com a OTAN faz destes micro estados um ente jurídico e político que não escolhe dentre os seus inimigos nem dentre amigos, apenas surfa na política e na economia, mas não se livra da pressão norte americana surfando na diplomacia que sempre ignora as leis e direito internacionais e age fazendo o que bem lhe interessa ou o que acha que pode ser vantajoso momentaneamente ocasionalmente.

Quando você tem um jogo precisa seguir as regras pois um jogo é definido como um conjunto de regras, então no jogo de xadrez cada jogador somente pode escolher uma jogada de cada vez, então se cada adversário seguir as regras teremos um jogo, mas se um deles pode derrubar todos os peões de uma jogada só, derrubar as torres do adversário do xadrez, retirar todos os bispos do adversário e na mesma jogada ainda expulsar os cavalos e a dama do adversário e dar xeque mate, então parece um jogo mas não é mais um jogo, assim os EUA julgam estar fazendo o seu jogo de política internacional sem as mesmas regras do adversário, apenas as suas regras convenientes e particulares.

Existem microestados muito complexos, em uma pequena região geográfica, isolados em uma pequena ilha ou um pequeno arquipélago, com Taiwan, com história longa e alguns dialetos, com cerca de 25 milhões de habitantes, muitos dialetos, e mais de 15.000 templos religiosos.

Uma pequena ilha sem fonte de energia endógena, sem hidrelétricas, dependendo de combustível fóssil importado para produção de toda a sua energia elétrica interna. Em 31.880n km quadrados, poucos acidentes geográficos. Apesar disso possui quatro picos montanhosos muito altos com mais de 3.500 metros de altitude.

Com uma economia protecionista como era comum aos países de pós guerra que estavam blindados da cortina de ferro vermelha, os EUA sustentaram por muitas décadas um déficit comercial para com seus aliados da Ásia e Europa assim, desde o Plano Marshall que inundou a Europa destruída pela segunda grande guerra mundial, onde teve a chance de substituir a libra esterlina britânica das transações internacionais, e transferiu muitos dólares diretamente para forjar um crescimento artificial muito vigoroso até que este modelo produziu os tigres asiáticos e a atual estagflação do Japão quando encerrou-se a política de déficits comerciais americanos financiados pela emissão de dólares sem qualquer garantia concreta de lastro exceto o arsenal nuclear dos EUA.

Não é uma tarefa fácil, mas não impossível. Beira o impossível. Certamente é uma loucura. Tem tudo para dar errado.

Se olharmos o Canadá, esse sim é um país que não era para existir. A população não cresce no Canadá vegetativamente, por muitos motivos, um deles o excesso de escolarização, o segundo a cultura feminista que mudou a distribuição da divisão do trabalho social, relegando a um plano muito degradante, vergonhoso, a função de mãe e consequentemente o trabalho de dona de casa, atualmente a coisa mais opressiva e machista que se pode desejar para uma filha, para uma irmã, para uma namorada, e, se casar, para sua esposa. A esposa é o primeiro homem da casa, o homem é um coadjuvante, tem de cuidar das suas próprias cuecas, da sua comida, da louça da pia, da faxina do banheiro, das suas roupas, e a mulher, bem, ainda não tem um papel social nessa nova redefinição dos papéis sociais do casal o que torna o casamento uma instituição desnecessária.

Esse abismo em que se encontra o Canadá é agravado pela geografia, pois é um país do polo Norte, portanto com um clima muito frio, onde 90%

do território é constituído de geleiras, e a população está sempre localizada a 240 quilômetros da fronteira com os EUA, o Canadá é um anexo financeiro e industrial dos EUA, fornece mão de obra altamente qualificada para os EUA e ainda serve de fonte de matérias primas como: madeira, petróleo, água, energia elétrica para o Canadá, o Canadá é o hospedeiro e o EUA é o parasita do Canadá.

Então os governos do Canadá que por ali passam, sejam conservadores ou sejam progressistas, todos imploram todos os anos por novos imigrantes, e depois da grande diáspora dos canadenses em direção aos EUA formando o terceiro maior grupo de imigrantes dos EUA depois dos irlandeses e dos alemães, legalmente aceitos, o sonho do Canadá de popular seu território parece um desejo eterno nunca realizado.

Talvez com esse projeto Brasil-Japão o Canadá venha a tentar roubar esse projeto e sair da tímida imigração para a transposição total, mas as condições que não estimulam a imigração continuam a existir, exceto que o país está totalmente pronto potencialmente para receber os 80 milhões de habitantes do Japão se eles decidirem por isso, a qualquer tempo.

Nunca foi feita antes, tal transposição, o que mais se aproximou disso foi a experiência da constituição do Estado de Israel quando 8 milhões de judeus saíram dos EUA e da Rússia e ex URSS e migraram para a Palestina para construírem ou para restaurarem sua nação depois de 2000 anos da diáspora judia.

Estamos falando de 80 milhões de valentes e orgulhosos japoneses, teimosos e arrogantes, que jamais deixariam sua terra natal cheia de História e de tradições.

O melhor momento seria depois de uma enorme erupção do Monte Fuji, ou de um grande terremoto ou de um gigantesco tsunami.

Mas, isso poderia ser antecipado, e o trabalho deve começar com as novas gerações.

O gigantesco trabalho de transpor, 12.000 escolas para crianças e adolescentes, criar 3.000.000 de quartos e vagas de hotéis, cerca de 100 terawatts de energia elétrica por dia, 8.000.000 de leitos hospitalares, 20.000.000 de estabelecimentos comerciais, 8.000.000 de hectolitros de água potável por ano, Estação de tratamento de esgoto para 8.000.000 de hectolitros de dejetos, coleta e reciclagem de 800.000.000 de toneladas de lixo e descartes por ano, pelo menos 120 universidades e faculdades; então a infraestrutura seria nada comparável ao que já se fez até hoje em qualquer lugar do mundo, como seria possível em um prazo de 50 anos?

Seria como construir uma colônia humana em Marte, com a diferença que em Marte não tem fonte de água potável e nem oxigênio disponíveis.

Portos de pesca exclusivos, para explorar economicamente a rica fauna aquática da foz do Rio Amazonas, com cardumes de camarão e lagostas, peixes oceânicos e costeiros.

Com certeza essa loucura será feita, porque a grande tragédia natural vai destruir o Japão, ele pode ser reconstruído ou pode ser mudado geograficamente, e se forem dadas as garantias de soberania e de autonomia ao Japão de ultramar; soberania não se negocia; soberania de uma nação é um bem intangível e a soberania japonesa foi rasgada desde que o General norte-americano Douglas Mc Arthur em sua arrogância redigiu e impôs ao Japão a sua constituição atual desde o bombardeio de Hiroshima e Nagasaki no momento da maior violação psíquica que estavam os japoneses fragilizados e empobrecidos, que a partir desse bombardeiro atômico os japoneses 70 anos depois ainda veem os norte-americanos como os deuses da morte e da vida no seu inconsciente coletivo nacional.

Vai ser um evento do milênio e tudo depende de apenas acreditar, e com certeza não vai ser o único concorrente   demandante o Brasil; outros territórios livres e aberto poderiam facilmente disputar essa obra com o Brasil, como: a Austrália, Nova Zelândia, Argentina, Chile, Uruguai, Paraguai, enfim, são os lugares promissores, e no continente Africano poderíamos citar Angola, Moçambique, e uma lista de países africanos prontos com recursos naturais e com a geografia favorável para dar conta destes números   da infraestrutura necessária para o transplante de um dos quatro maiores países do mundo em PIB, extremamente complexo e muito caro.

Então a estrutura mais importante a que trata da soberania precisa ser construída de modo que não viole a Constituição Federativa do Brasil e garanta a soberania japonesa de um estado hóspede de ultramar.

A engenharia jurídica mais complexa que se já construiu, muito além dos 40 anos de construção paciente da União Europeia, que começou com dois países depois de longas disputas na fronteira Lorena-Alsacia entre a Alemanha e a França, passando por duas guerras mundiais, e, finalmente a união Europeia de hoje com 23 nações e um parlamento, com os parlamentos de cada um dos 23 estados federados.

As instituições privadas são muito mais ágeis do que as públicas, então essa mudança deve iniciar-se pelas empresas que devem bancar as primeiras iniciativas no campo financeiro e depois no campo de infraestrutura econômica e industrial, depois comercial e então construir com os governos um caminho dentro dos fatos consumados e consolidados, com um plano diretor pré-estabelecido amplamente aceito pela população dos dois países.

É a hora de se pensar em incentivos fiscais muito maiores do que os concedidos para as ZPE com Manaus que deram muito certo, os programas permanentes como SUDECO, SUDESUL, SUFRAMA, famosos no passado por alavancar e catapultar o desenvolvimento regional fortemente.

Agora precisa de uma super SUFRAMA para a zona do neo Japão.

No momento em que for anunciado esse projeto, vai provocar desprezo, deboche, e depois os governos da Austrália, Qatar, Emirados Árabes Unidos, Nova Zelândia e principalmente do Canadá vão dobrar as suas apostas para atrair o Japão de ultramar.

Aconteceu em pequena escala nos EUA quando a fabricante de tratores Caterpillar procurou uma cidade para instalar uma nova unidade fabril então recebeu um convite de um dos estados para ficar lá com incentivos fiscais em que seria dado um prazo de carência de dez anos para começar a pagar impostos estaduais.

Ao saber desta oferta, outro estado cobriu esta oferta oferecendo isso e mais isenções fiscais dos impostos estaduais caso a nova unidade da Caterpillar fosse instalada ali.

Ao tomar conhecimento destas ofertas uma outra unidade da federação cobriu todas estas facilidades e acrescentou construir toda a infraestrutura civil de graça para a nova fábrica da Caterpillar.

Bem, esta história verídica terminou com a construção da nova fábrica lá no Japão a 19.000 km de distância da sede da Caterpillar nos EUA que ofereceu tudo isso e mais o transporte marítimo de graça de toda a produção para qualquer lugar do mundo.

Essa oferta inacreditável do Brasil para sediar um novo Japão, ou o espelho do Japão de extraterritorial e ultramar, lembra a mudança da corte de Portugal para o Brasil com Dom João VI que fugiu de Napoleão Bonaparte, com toda a corte de Portugal para o Brasil desde 16 de janeiro de 1815, se instalando aqui transformando o Brasil no Reino de Portugal e Algarves, o Brasil passou a ser a sede do Império Português.

Como vimos, pelo menos uma vez isso foi feito na História real, e na mitologia da Bíblia sagrada conta a História da peregrinação do êxodo do povo judeu fugindo do Egito sob o comando de Moisés que cruzou as areias do deserto de Sinai para a Palestina a terra prometida na maior migração de um povo inteiro quase 2.000.000 de pessoas com todo o sucesso durante 40 anos.

Estamos produzindo o êxodo de 80.000.000 de pessoas, suas instituições, suas fábricas, suas escolas, seus hospitais, suas empresas, suas casas, suas culturas e seus templos, seus teatros, sua cultura, sua língua, seus hospitais, seus hotéis, suas prisões, seus tribunais, seus parlamentos, sua agricultura, seus animais, seus pets, seus sistemas cibernéticos, seus segredos, seus exércitos, suas armas, suas joias, suas riquezas, sua tecnologia, sua moeda, seus bancos, sua memória e sua cultura organizacional. Só vai ficar lá o seu clima, a sua fauna e sua flora. Ao invés dos 40 anos do êxodo judeu isso deve levar 50 anos.

Cada bairro do novo Japão deverá receber população de mesma cidade de origem para não quebrar o elo humano e sentimental da comunidade, então será a primeira cidade toda num país, ou um país inteiro em uma só cidade, uma experiência sociológica única, onde os bairros ou quadras de prédios poderão conter milhões de pessoas em estruturas verticais, com seus governadores, prefeitos de blocos, e câmaras de vereadores e com síndicos que serão prefeitos de 8.000 domicílios.

A experiência domiciliar de Brasília segregava nas superquadras residenciais seus habitantes por: profissões, por órgãos do governo, por instituições, assim tinham as quadras exclusivas e separadas de militares da marinha, separadas os militares de média patente das quadras dos militares de alta patente, e por ramos separados e segregados das forças armadas.

Os nossos antepassados foram muito mais ousados quando em pequenas naus e caravelas precárias navegavam apenas guiados pelas estrelas para o fim do mundo do outro lado da terra, deixando para trás suas famílias e suas ligações sentimentais e emocionais para desvendarem em se estabelecerem em um lugar distante e completamente selvagem, assim sem saberem que no futuro aquele mundo selvagem e inóspito, cheio de feras de inimigos e de incertezas de todos os tipos, jamais em algum momento passou pela cabeça que aquele novo mundo poderia superar o velho mundo ou ser a fonte de alimentos, e de riquezas e de histórias como se transformou a América do Norte e a sua importância para o mundo, e tudo começou com o May Flower de um bando de desesperados e desenganados expulsos de suas próprias casas e de sua terra natal.

Esse é o espírito que nos falta para partirmos sem planos e sem medo para a colonização da lua, de Marte ou para ficarmos em uma grande esquadra viajando por muitas gerações até Alfa Centauro, sem sequer sabermos como poderemos sobreviver em outro lugar longe da terra, como fizeram os grandes pioneiros.

O que se oferece aqui neste projeto de transposição territorial nem de longe tem a dimensão das incertezas dos colonizadores do século XVI quando se lançaram muito precariamente nos mares nunca dantes navegados.

Considerando a história da humanidade, todas as sagas das civilizações indicam que este passo pensado e proposto nesse projeto não é arriscado nem perigoso mais do que qualquer empreendimento, não traz nada que não possa surpreender mais do que qualquer decisão política que os chefes de estado adotam dia a dia.

É tão natural esta possibilidade de transposição que eu me surpreendo porque nunca foi cogitado antes um projeto assim, e porque ainda até hoje surpreendentemente nenhum país desejasse hospedar um país pronto para trazer prosperidade: os japoneses não são um bando de refugiados famintos e desesperados, nem um bando de aventureiros clandestinos, ao contrário, é um capital humano de alto nível, de alto valor que deveria ser na verdade importado e pago para ocupar o Brasil ou o Canadá, ou a Austrália ou Nova Zelândia, ou

Chile, ou Uruguai, tanto estados que pagariam por essa transposição de riquezas instantânea.

Eu colocaria um valor de US$ 40 trilhões para convidar o Japão a se transferir para o Brasil.

Depois de lançada a ideia ela vai se concretizar mais cedo ou mais tarde, como a invenção do smartphone, ninguém sabia que não poderia haver vida possível antes dele ser inventado, agora a nossa civilização não pode mais sobrevier sem o celular inteligente, foi a demanda compulsoriamente adjudicada pela realidade que se impôs pós facto.

Uma ideia tão revolucionária e perigosa que mexe com nacionalismos, com soberania, com orgulho nacional, com a História e com a cultura de duas civilizações e implica em uma revolução na legislação internacional e cria novos direitos e novas circunstâncias jamais previstas, exceto com a vinda da família real portuguesa para o Brasil fugindo da invasão da tropa de Napoleão Bonaparte que invadiu Portugal no reinado de Dom João VI.

O Brasil viveu uma era de monarquia europeia de além-mar sendo caso único na história da civilização humana. Nem um nome técnico existe para designar essa situação inédita de mudança geográfica de Estado para outro lado do mundo, nada igual aconteceu, mas pode se repetir com o translado de toda uma nação para o outro lado do mundo.

O Brasil já recebeu a maior migração japonesa do mundo, e esta migração japonesa foi planejada e executada pelos dois governos do Japão e do Brasil há mais de um século.

O Japão é o país do mundo que abriga a maior quantidade de estrangeiros de origem norte americana, justamente por causa das 119 bases militares na ilha de Okinawa, ocupada pelas forças militares dos EUA desde o fim da segunda guerra mundial, em 1945, com o bombardeio atômico das cidades industriais japonesas de Hiroshima e Nagasaki.

Os maiores inimigos da humanidade na esfera ocidental durante a segunda grande guerra mundial se tornaram rapidamente aliados indispensáveis para enfrentar a expansão da campanha comunista que começou pelo mundo com a revolução bolchevique na Rússia em 1917, e a revolução chinesa de Mao Tse Dong, também comunista, rapidamente se espalhando pelos Balcãs, com a conversão forçada para o regime comunista de metade leste da Alemanha, sob ocupação dos soviéticos que chegaram a ter 500 mil militares apenas na Alemanha, depois foi a ocupação de Polônia pelos soviéticos, a ocupação comunista da república Tcheca e Eslovaca, a ocupação comunista da Yugoslávia, a anexação pelos comunistas das repúblicas eslavas de: Turcomenistão, Geórgia, Letônia, Lituânia, Estônia, Moldávia, Arzebaijão, Afeganistão, Mongólia, Uzbequistão, Tadjiquistão, Armênia, formando a União das Repúblicas Socialistas Soviéticas.

Rapidamente a política externa dos países liderados pelos EUA criaram um cinturão invisível para isolar estes países comunistas, chamada por George Orwel de guerra fria, e apelidado por Winston Churchill de países da Cortina de Ferro, outros países em todos os continentes começaram a aderir ao regime socialista comunista formando uma comunidade de países simpatizantes e aliados da URSS, como: Cuba, Chile, Angola, Moçambique, Argélia, Egito, e países conflagrados internamente divididos com a luta interna entre os levantinos comunistas e ditaduras de direita contra revolucionários, como: Argentina, Brasil, Peru, Chile, Uruguai, Paraguai, Santo Domingo, Nicarágua, assim o mundo ficou entre duas chantagens, os prós EUA e a Europa do Leste, o resto do mundo, o segundo mundo; no terceiro mundo ficavam os independentes como: Índia, Paquistão, Finlândia, Suécia, Suíça, México, quase todos os países da África subsaariana, então se juntaram ao EUA o: Canadá, Noruega, Dinamarca, Islândia, Holanda, França, Portugal, Espanha, Itália, Alemanha, então alguns países foram arrastados e ocupados, outros invadidos enfim, todos ficaram de um dos três lados, nos três mundos.

O Japão foi arrastado para o lado Ocidental e ocupado militarmente pelo lado americano, os outros países chamados Ocidentais ou foram chantageados ou foram ocupados militarmente pelos EUA para participarem do bloco Ocidental contra os países da cortina de ferro, ao lado dos aliados dos EUA do bloco capitalista.

Os países destruídos pela força aliada na segunda guerra mundial foram reconstruídos com dinheiro norte americano através de doações do chamado Plano Marshall, uma espécie de Keynesianismo para recuperar rapidamente dos danos econômicos e civis da segunda guerra mundial, com largos períodos de incentivo às importações pelos EUA dos produtos produzidos pelo núcleo de países escolhidos para serem as vitrines do capitalismo para fazerem parte daquela parte da guerra fria entre Ocidente capitalista e Oriente comunista, apresentando permanentemente e continuamente superávits na balança comercial contra as contas do balanço de pagamento de comércio internacional dos EUA, garantindo a prosperidade dos aliados especiais: Alemanha, Japão, Itália, Coreia do Sul, com os dólares fabricados na casa da moeda dos EUA a partir dos acordos firmados da conferência econômica de Bretton Woods onde o dólar ganhou status de moeda internacional de trocas do mundo Ocidental, diante dos imensos favores dos EUA e da dívida eterna dos países ajudados com os dólares doados pelo plano Marshall pelos EUA de modo totalmente oficial.

Com essa inundação de dólares estes países e os EUA dominaram completamente a economia mundial, até que em 1972 o projeto começou a fracassar, e o padrão dólar-ouro ostentado como o suposto ouro de Fort Knox que foi dado como garantia -   insuficiente e inexistente -, justamente quando os governos da França e da Alemanha requisitaram o resgate da garantia em ouro prometida pelo tesouro dos EUA.

Essa garantia do lastro do dólar nunca existiu na realidade, era insuficiente e parte do ouro era fraude desde a época da independência Americana e da guerra civil americana feito de barras de titânio recobertas de ouro.

Essa grande bolha estourou novamente com a guerra do Yom Kippur em 1973 e com a guerra dos Seis Dias de Israel contra países Árabes, quando os países produtores de petróleo se recusaram a aceitarem dólares e qualquer moeda dos países que apoiaram o estado de Israel contra os países Árabes.

Era a terceira bolha de ataque especulativo contra a moeda mundial o dólar norte americano, então foi convidado e aceito pela Arábia Saudita o acordo dos petrodólares para garantir o currency board do dólar como moeda internacional porque era o maior exportador do mundo de petróleo, então a Arábia Saudita seria protegida e privilegiada pelas transações americanas e o petróleo saudita seria a garantia da comercialização da maior commoditty do mundo, o petróleo, exclusivamente em dólares norte americanos, garantindo a estabilidade do dólar até que aconteceu a guerra da Ucrânia contra a Rússia, que iniciou em 24 de fevereiro de 2023.

Diz a ciência da História que a crítica histórica estuda a epistemologia dos fatos oficialmente admitidos como oficiais e portanto verdadeiros, mas a História da humanidade é apenas a parte mais importante que fica registrada, e quem manda fazer os registros sempre é uma entidade oficial de representação de estados, países, etnias, religiões, culturas, portanto, muitas leituras para o mesmo fato são sempre possíveis, e muitos fatos que não são considerados importantes são ou fatos omitidos, ou inventados, ou distorcidos são parte deste debate sobre a criticidade da historicidade dos fatos verdadeiros e lendas e mitos que se misturam aos fatos tidos como a História verdadeira nunca contada em sua integralidade e nunca imparcialidade.

A moderna História do Japão pode ser contada a partir de muitas visões: desde uma ocupação americana depois das duas bombas atômicas lançadas sobre as cidades industriais japonesas Hiroshima e Nagasaki na segunda grande guerra mundial, a mesma ocupação militar pode ser explicada como proteção militar do EUA contra a militarização e a ameaça da vizinha união soviética da era da guerra fria explicação e justificativa dada pela estratégia internacional de Washington sem a permissão explícita e sem pedido feito pelo Japão.

Essa disputa sobre o significado literal da situação descrita mais corretamente, entre se seria melhor descrita e classificada como: ocupação, ou da invasão, ou da proteção, essa situação poderia ser vista de uma infinidade de modos diversos na esfera da política e diplomacia internacional dependendo da intencionalidade do analista dos fatos.

A cultura japonesa é fechada para os sentimentos, não permite a quebra por ruptura da blindagem da privacidade dos indivíduos no campo do relacionamento pessoal, profissional, sentimental e religioso, como se cada japonês fosse uma unidade autônoma de vida isolada da sociedade e do sistema.

A sinceridade japonesa é cortante, a apatia é institucionalizada e chocante para um brasileiro que está acostumado a reduzir as distâncias físicas e se expressar de modo absolutamente direto e sem metáforas e sem simulações e dissimulações, a linguagem japonesa é totalmente direta, fria, sem emoção, disfarçada e amenizada pelo onipresente sorriso que não significa nada absolutamente não é aprovação e nem surpresa nem reprovação, apenas um cacoete, um apêndice, um aposto, é incisiva como uma espada de samurai, cortante e letal para pessoas muito sensíveis às ausências das sutilezas e dos preâmbulos desnecessários para privilegiar somente a objetividade e para a clareza da comunicação interpessoal.

Japoneses podem ser uma espécie muito diferente dos africanos negros ou dos brasileiros da região leste, podem parecer frios, incômodos, distantes, apáticos, como um androide ou um ET, gelados com uma carapaça intransponível emocionalmente, aquele sorriso involuntário sempre presente, não importam o que digam, e falam muito pouco e objetivamente, sempre terminam com um sorriso que o tempo o transforma em ameaçador, parece um transtorno emocional porque não significa absolutamente nenhuma emoção, é apenas um tique etnográfico, comportamental, uma parte da coreografia corporal da linguagem corporal como fazerem os italianos com as suas mãos sempre gesticulando em assincronia com aquilo que dizem quando estão falando, os japoneses mostram os dentes e se inclinam para frente, não parecem sorrir, apenas uma mímica compulsória racial.

Essa barreira linguística invisível faz parte do extremamente rígido protocolo social japonês, onde manifestar e demonstrar as emoções é extremamente não delicado e antissocial, japoneses não se tocam em público, não se beijam e não fazem declarações amorosas e sentimentais, um casal jamais se beija nos lábios, a reverência japonesa é uma estratégia de distanciamento físico e segmentação social e de blindagem do espaço individual e da preservação máxima da privacidade no seu limite físico.

A sintaxe da língua japonesa não facilita a fala simultânea entre interlocutores pois que o verbo está sempre ao final da frase obrigando o ouvinte a esperar a fala inteira da frase ou do período sintático. Porque em japonês, **o verbo sempre é colocado no fim da frase**. o assunto é sempre seguido por wa (は) o Complemento do Objeto Direto (COD) é sempre seguido por o (を) e o Complemento do Objeto Indireto (COI) de ni (に): essas pequenas palavras são partículas muito usadas na gramática japonesa

A cultura linguística japonesa previne que discussões sejam inviáveis com bate-boca entre os interlocutores porque obriga o ouvinte a esperar a última palavra do período sintático para compreender o sentido completo semântico de toda a frase ou período sintático, para então refutar ou discordar, o que somente seria possível após ouvir a frase inteiramente.

O japão é uma bolha cultural e linguística, que somente com a tecnologia da comunicação e a informática e telemática consegue integrar parcialmente a sociedade japonesa em sua particular visão de mundo, o mundo japonês somente compartilhado pelos japoneses, compreendido e assimilado na cultura japonesa, as regras de comportamento social só faz sentido para os japoneses entre os japoneses.

A barreira cultural entre os japoneses e os brasileiros é tão densa que mesmo depois de mais de cem anos de migração japonesa oficial e em massa para o Brasil os brasileiros descendentes dos migrantes japoneses continuam invisíveis no Brasil em todos os setores da sociedade brasileira, nenhum grande nome na política de origem japonesa para destacar, nenhum cantor de descendência japonesa, nenhum grande artista pintor ou escultor, somente uma pintora japonesa de descendência, e duas artistas celebridades de televisão, nenhum jogador de futebol, apenas destaque no campo esportivo no tênis de mesa olímpico, e no judô vemos brilhar alguns, na televisão, no rádio, no cinema temo a Yamazaki, nem no automobilismo de competição, no motociclismo, nas ciências, na medicina, na engenharia, nos escalões das forças armadas em todos os níveis, no voleibol, nada, como uma carga geneticamente privilegiada em muitos aspectos consegue ser tão discreta no Brasil?

O japas são low profile? Ou, existe um preconceito ou existe a auto-preconceito japonês?

A ex primeira dama do Brasil a falecida intelectual ex esposa do ex presidente do Brasil por duas vezes sr Fernando Henrique Cardoso ex esposo de Dona Rute Cardoso esta escreveu sua tese de doutorado sobre a migração japonesa no Brasil, uma das suas duas grandes obras intelectuais escritas e publicadas juntamente a sua monografia sobre a segregação racial dos afro-brasileiros, tema recorrente da intelectual com pós doutorado em Antropologia que se tornou referência internacional no tema de migrantes e integração interracial.

Estão se escondendo em guetos étnicos propositadamente, ou procuram uma forma de integração cultural sem sucesso?

Precisamos entender o caso da segregação japonesa que de tão discreta nunca produziu um conflito conspícuo nem protestos, nem demandas políticas mas que por ser tão invisível se torna cada vez mais grave e merece um atenção de todas as instituições da sociedade brasileira para a sua compreensão, pois nada indica problemas iminentes, e por isso mesmo requer uma adoção de medidas tão discretas quanto o problema se apresenta para não causar um conflito social que ainda não existe explicitamente, pois o fato de não existir o problema não significa que nunca existirá num futuro mediato.

Precisamos ouvir as vozes japonesas no Brasil para saber se estão confortáveis nesta singularidade ou se estamos fingindo que não os ignoramos, e não abrimos as portas para nada além do judô, do sushi, sashimi, Temaki, Quimono, saquê e realmente integrarmos e darmos mais visibilidade aos japoneses e representatividade no parlamento tanto ao nível municipal, estadual, federal, incluirmos os nipo-brasileiros no nosso sistema social e cultural, religioso, esportivo para que o povo brasileiro veja mais frequentemente e naturalize a imagem do japonês tanto quando a onipresente dos afro-brasileiros, para o melhor e talvez para o pior, não vemos mendigos japoneses, nem craqueiros, nem presidiários, nem estupradores, da mesma forma a ausência percebida de astros da música japoneses e estrelas de cinema japoneses, de juízes, ministros, senadores, prefeitos, governadores, de sambistas, bailarinos e bailarinas, e nas novelas e nos cinemas mais artistas japoneses, exceções de Suzuki Yamazaki, Missaka, Sabrina Sato, não para representarem personagens japoneses, mas representando gente, pessoas sem nenhuma etno-referência direta ou indireta, como associar sem falar às habilidades de artes marciais, por exemplo conforme marcado no estereótipo.

A pressão pela aceitação talvez um peso excessivo para os descendentes, praticamente os obrigando ao anonimato por causa da aparência exótica que nunca passa desapercebida, e o estereótipo de discrição e de competência os obriga a serem permanentemente brilhantes no munda intelectual desde as primeiras letras nas primeiras séries escolares, por que esta é a expectativa da sociedade, isso pode roubar as oportunidades de maior interação social das crianças japonesas para cada vez mais dedicarem seu tempo para estudarem muito mais do que as outras crianças de suas idades, o que já determina um castigo ou uma pena elevada e desnecessária desde a mais tenra idade.

A obrigação estereotipada de perfeição que vai os perseguir por toda a vida roubando a infância e a juventude pode ter origem cultural atávica ou pode ter sido imposta culturalmente como uma compensação ou como um passaporte para a aceitação social do diferente fenótipo de olhos puxados e nariz pequeno, com os ossos do rosto pouco salientes e cabelos pretos e muito lisos, com o sotaque característico anasalado, facilmente reconhecido e reproduzido como bulying.

Por ouro lado totalmente oposto surge o fetichismo asiaticogênico que idolatra os traços exclusivamente orientais como ícones de beleza única incomparável e que cria uma legião de admiradores especiais da formosura japonesa justamente por ser japonesamente caracterizada nas suas peculiaridades fenotípicas exclusivas.

Entre os dois extremos da apatia à idolatria a japonesolatria pode trazer sempre ou ocultar sempre um comportamento singular que merece por causa disso ser dissecado e estudado muito além das aparências e de sua essência antropológica e importância cultural velada e

marginal.

A circunspecção do temperamento enigmático japonês pode permanecer em sua oriental discrição até por respeito e por reverência cultural, mas pode esconder muitas coisas que a intelectualidade em sua curiosidade característica desejaria desvendar e examinar detidamente como um objeto de estudo material como exige a antropologia social e a arqueologia cultural.

Podemos deixá-los em paz se isto for parte do modus japonês como parte da própria cultura e da etnicidade imanente e por isso parte integrante e matriz do comportamento ritual mítico em seu conteúdo e forma.

O modo de vida japonês é o maior obstáculo para a transposição para qualquer lugar da terra, os japoneses são arredios e em qualquer lugar que se instalam costumam ficar invisíveis tal a discrição que se inserem nas interações sociais fazendo aumentar o mistério o folclore sobre o caráter japonês.

Poucos descendentes de japoneses conseguem como a grande artista plástica japonesa Tomie Otake com obras no MASP ou como a cantora MissAka, Tsuka Yamasaki a cineasta, ou a modelo Suzuki, nenhum jogador de futebol famoso, temos mesa tenistas muito famosos japoneses brasileiros, em que pese o fetiche que as mulheres japonesas despertam em alguns homens, como Pelé, por exemplo, ou o ex ministro, deputado, governador, prefeito, senador paulista José Serra coma sua esposa nipônica, o ex ministro Sérgio Mota, poucas celebridades, um deputado estadual, um federal e nenhum senador ou governador, teve um ministro militar da aeronáutica.

Nada vai mudar esse caráter japonês de ser, em Hollywood é a mesma coisa, a visibilidade japonesa é um submersível discreto, esta omissão pública chega a ser sinistra, em algum lugar da cultura japonesa ou no DNA está insculpido algum código obrigando ao comportamento subversivo socialmente discreto, nada de publicidade, a ausência é eloqüente e sempre presente entre os grandes cirurgiões, entre os bons Físicos, sempre presente entre os primeiros alunos da escola em todos os níveis de ensino, o carrasco dos concorrentes nos concursos de postos que exigem raciocínio complexo como engenharia, medicina, química, matemática, física, astrofísica, biologia, pesquisa pura, sempre onipresentes onde se procura qualidade e competência profissional.

Não consigo lembrar de uma candidata a miss japonesa internacional ser eleita em primeiro lugar, os papéis para atores japoneses no cinema e nas artes cênicas são sempre papéis de personagens japoneses, sempre com conotação fortemente étnica associado a todos os estereótipos japoneses não importa se descendente nascido no Brasil ou na Nigéria, sempre indefectível maneirismo japonês de andar, de falar, de caminhar, inconfundível, a marca japonesa indefectível.

Tudo na fisiologia japonesa é inconfundível, o fenótipo japonês permite identificar um japonês mesmo com uma máscara, ou mesmo de costas, a sua ossada temporal, o jeito de caminhar, o jeito de falar e a entonação vocal, os cabelos muito pretos e muito lisos, tudo é fortemente inconfundivelmente japonês.

A circunspecção do temperamento comportamental japonês lembra muito o comportamento autista, uma fragilidade da interação entre interlocutores e a falta de empatia e alteridade nos sentimentos, incapacitando de ler a fisionomia e de se identificar com os sentimentos de outras pessoas, e dificuldade de expressar os sentimentos através da expressão facial impávida demonstrando a alienação em relação ao outro com quem fala em quaisquer situações e circunstâncias sociais e pessoais.

É preciso compreender a cultura japonesa de modo totalmente holístico, desculpe a redundância e pleonasmo, mas dividir e analisar o comportamento japonês de modo ontológico se perde a interação das junções sociais que são parte principal sistêmica do caráter japonês, não podendo ser separado do todo do qual perde totalmente o significado e sentido lógico e integrado.

O comportamento individual de cada japonês é conduzido e parametrizado pelas expectativas do sistema social e por ele formulado de modo contínuo e controlado por meio de gestos, olhares, cada atitude é cuidadosamente repetida e ritualizada nos mínimos detalhes num processo paciente e imutável durante séculos nas artes, na literatura e no controle social direto e indireto, sutil ou muitas vezes violento fisicamente ou psicologicamente.

Detalhes nos gestos e na postura são tão importantes e necessários como os grandes gestos e palavras ou frases inteiras, nada pode ser menosprezado ou minimizado, não existem detalhes na cultura japonesa, porque a cultura japonesa é constituída de uma acumulação de detalhes, nada que não seja os detalhes pode ser considerado parte da cultura japonesa. Essa obsessão pelos detalhes que faz a cultura japonesa ser o que é.

Provavelmente o longo período de isolamento da civilização japonesa ao longo da sua História causou uma enorme impermeabilidade comportamental e fixou profundamente na cultura japonesa, suas principais características de percepção da realidade única e as inserções pontuais na cultura japonesa foram perfeitamente e disciplinadamente acomodadas como por exemplo a sua atual constituição federal totalmente outorgada pelo Marechal norte americano Douglas Mc Arthur quem escreveu a bordo do encouraçado Missouri todos os artigos da constituição federal do Japão ainda sob os escombros atômicos da destruição das cidades japonesas de Hiroshima e Nagasaki no ano de 1945 ao findar a segunda grande guerra mundial que levou mais seis meses para se encerrar em agosto no Pacífico.

Da mesma forma, assim, o alfabeto de sinais japoneses foi implantado da China com adaptações muito pontuais, o ocidentalismo cultural recebeu o primeiro empurrão das expedições portuguesas na cultura japonesa com a troca dos trajes com kimono pelos ternos ingleses que causou reações pontuais violentas mas foi rapidamente assimilado em pouco espaço de tempo.

Acultura japonesa acomoda sem traumas o Sushi com o Big Mac, a Coca Cola com o saquê, o Kimono com o terno da Savile street London man wear que abalou a moda japonesa masculina reformulando o jeito do homem japonês se trajar de modo universalmente uniformizado.

O Japão encontra-se em uma perigosa encruzilhada Histórica em sua sobrevivência como nação não por causa dos riscos geográficos que já seriam graves e determinantes, mas, por causa das pesadas consequências da segunda guerra mundial que subordinaram e colonizaram o Japão pelos EUA e nada poderia o Japão fazer para mudar isso endoginamente, e os exemplos são toas as dezenas de barreiras e proibições dos EUA bem claras sobre quem manda na tecnologia sensível japonesa desde as tentativas de criação de um programa espacial japonês arrojado, independente, nacional, autárquico, autônomo, e agressivo que foi fortemente boicotado e freado pelo Pentágono, bem como as tentativas de desenvolvimento de protótipos de aeronaves de caças independentemente feitos pelo Japão, tecnologicamente avançados, por duas vezes, e agora as objeções e proibições ao projeto de caça stealth pelo Japão recentemente fortemente bloqueado pelos EUA, assim prossegue o Japão militarmente pressionado pela Rússia, Corea, China e pelos EUA para se manter dentro da jaula invisível.

Certamente que qualquer parceria com os EUA sempre visa manter o participante subordinado aos interesses da Colônia que se autoproclama vencedora da Guerra Fria, da Corrida Espacial e da hegemonia militar mundial, então fica impossível qualquer destaque sem provocar a reação vingativa e disciplinadora dos Yankees.

Os EUA é o típico aliado do qual nunca se pode se ver livres deles, porque a interpenetração da economia americana no Ocidente e o poder de barganha é muito preocupante devido aos setores onde o monopólio norte americano predomina nos setores estratégicos de tecnologia e por isso ficar como aliado não traz vantagens, e ser adversário traz desvantagens, como se vê em setores dominantes por causa da hegemonia sem concorrência em softwares, como internacional idioma nativo, o Inglês, Facebook, Windows, Google, Oracle, Java, Internet, Pneus de borracha, aços especiais estratégicos, motores de aviação, aviônicos de aviação homologados internacionalmente, Microprocessadores Motorola, Intel, Dell, Cisco, estes útimos quatro citados que são o Kernell da Internet, Microsoft, Apple, Tesla, GM, Ford, Hollywood, agências de notícias e controle da Mídia internacional, Currency board do Dólar como moeda mundial, SWIFT, exchange stock, grandes petroleiras, fábricas de aviões dominantes com a Boeing e Lockhead Martin, Rayteon e institutos de pesquisa com Stanford e MIT, gigantes da energia como General Eletric, Westinghouse, Frota mercante de mais de 100 mil navios de todo tamanho e gênero, capacidade de geração de energia elétrica, produção de energia nuclear, reatores atômicos para produção de energia civil e de uso militares, a maior força aérea do mundo com o dobro das aeronaves da segunda colocada, mais de 5000 ogivas nucleares ativas, a maior produção de milho do mundo, a produção de soja gigantesca, produção de álcool, produção de petróleo,   produção de frangos, produção de carne bovina, produção de algodão, produção de cimento e aço, alumínio, produção de papel, produção de todos os bens móveis e mercado imobiliário muito grande e valorizado, então não é fácil deslocar este gigante, somente a obsolescência tecnológica inevitável irá reduzir tudo isso a lixo e entulho dentro de trinta anos no máximo, no maior ferro velho do mundo a céu aberto.

A renovação e a eventual substituição de todo esse aparato tecnológico e a recuperação da infraestrutura envelhecida e desgastada exigirá uma quantidade absurdamente grande de recursos materiais, humanos, financeiros, científicos e disposição política.

É a inexorabilidade da decadência natural dos impérios, com a sua substituição por um novo modelo de civilização que não sabemos ainda como será, e que se baseará certamente em alguns pilares já despontando como: a fotônica, a engenharia genética, a sustentabilidade energética, inteligência artificial, redução das liberdades pessoais, planejamento centralizado na sociedade planificada, mudança do padrão de propriedade de bens patrimoniais.

Mas os EUA e nenhum país pode ser autônomo e autossuficiente, porque a natureza tratou de distribuir os recursos naturais de modo aleatório e heterogeneamente, assim as maiores reservas de petróleo estão em países como a Venezuela e Arábia Saudita, e as únicas reservas de nióbio estão 98% no Brasil, as maiores reservas de lítio estão na Bolívia, e as maiores reservas de titânio estão na Sibéria e Brasil, assim os países precisam cooperar ou avançar sobre as riquezas dos outros países para roubar ou fazer comércio de modo assimétrico através de ameaças e pressão econômica estratégica e militar, para obrigar os possuidores de matérias-primas a se submeterem a um regime de exploração de suas próprias riquezas de modo degradado financeiramente e desprestigiado.

Alimentos deveriam ser juntamente à água as mercadorias mais valorizadas da humanidade, claro que vai chegar esse momento na humanidade mas será muito tarde e debaixo de total imprevidência dos ditadores da economia que procuram salvaguardar seus interesses debaixo de falsa propaganda de que os produtos de alto valor agregado são os mais rentáveis, mas a vida não se submete a essa lógica comercial porque a prioridade do ser humano é a alimentação e a habitação, ninguém come notebook nem se alimenta de internet, mas os países pobres estão sendo convencidos pela exemplaridade dos membros da comunidade internacional a abandonarem a agricultura familiar e industrial incipiente local através dos subsídios criminosos e irracionais para beneficiar a agricultura nativa dos países ricos em detrimento das agriculturas mais baratas do que as deles que destroem juntamente à pressão política a estrutura familiar dos países pobres principalmente na África, produzindo uma fome pré fabricada.

A luta do Japão não é contra si mesmo nem contra a sua cultura engessada e pressionada pelos EUA, é contra o sistema mundo que em que está modelado: de um lado modelado fortemente pela cultura de consumismo norte americana; e de outro lado pela civilização europeia que influenciou com o modelo colonial velho, que desbravou o novo continente americano e que agora recebe de volta o mesmo modelo colonial renomeado de Mercantilismo, com apelidos modernos como globalização e a sua versão atual chamada de globalismo.

Utopia ou Distopia

Praticamente não existem divergências entre os cientistas políticos e especialistas em Relações Internacionais de que dentro de 500 anos o planeta terra será irreconhecível, e algumas coisas são certezas no meio de tantas especulações é possível garantir, com toda a certeza, que certas coisas estarão presentes e outras coisas estarão ausentes.

Quais as coisas que certamente não existirão daqui a 500 anos?

Não existirá combustível fóssil pois essa ideia foi a pior de todas que a humanidade teve que suportar, nem petróleo, nem carvão, nem produtos derivados da petroquímica, não haverá escolas presenciais, não haverá pequenos negócios de qualquer espécie, não haverá forças armadas, não haverá excesso populacional, não haverá democracia, não haverá propriedade patrimonial particular individual superior a determinado valor, não haverá mobilidade social, não haverá poluição dos mares, rios, lagos e ar, não haverão muitas das instituições que hoje vemos e que surgiram na Renascença e no império Romano, como a república, o senado, o judiciário, novas formas de religiosidade, não existirão as fronteiras nacionais baseadas nas atuais, o mundo será governado pela

ONU, as pessoas terão que fazer economia em poupança para os filhos comprarem seus postos de emprego, sim hoje as pessoas fazem poupança nos EUA para garantirem um lugar na universidade, nos anos futuros de pouco valem os diplomas pra garantirem sua empregabilidade, além dos concursos públicos extremamente acirrados, devido à concorrência com os robôs nas fábricas e empresas a mão de obra sobrante para os humanos será extremamente rara e muito disputada, por isso ou se cria o próprio emprego em home office, ou se compra uma vaga de emprego em uma empresa grande para garantir a renda e a sobrevivência fora dos programas de renda mínima do estado e dos governos dos distritos.

No futuro os sistemas especialistas farão todo o trabalho de engenharia, de robótica, braços de robot farão cirurgias, então aos   seres humanos estarão reinando apenas nas artes em geral, serão para os humanos   as atividades de terapeutas em psicologia das máquinas pensantes, vigilância de pensamento e ideologia, turismo, viagens; o sexo com as máquinas vai ser muito mais interessante do que com qualquer ser humano, as drogas alucinógenas de décima geração permitirão viagens psicodélicas sem químio-dependência e destruição dos neurônios, a morte terá que ser programada já que os seres humanos serão imortais.